F 46935 (1-32)

LETTRES
PATENTES
DV ROY, EN FORME D'EDICT,

POVR LA SVPPRESSION DES GREFFIERS
des Parroisses, & en leur lieu la creation
en tiltre d'office hereditaire, des Commissaires à faire les Roolles des Tailles, &
autres deniers, tant ordinaires, que extraordinaires, & de l'impost du sel.

Publié en la Court des Aydes en Normandie l'au-
dience seant, le 27. Octobre 1617.

A ROVEN.
DE L'IMPRIMERIE,
De MARTIN LE MESGISSIER, Imprimeur
ordinaire du Roy, tenant sa boutique au haut
des degrez du Palais.

1617.
Auec Priuilege dudict Seigneur.

OVIS Par la grace de Dieu, Roy de France et de Navarre: A tous presents & aduenir Salut. Le secours que nous auós tiré depuis quelques années, des deniers qui sont prouenus de plusieurs moyés extraordinaires ayants esté entieremét consommez, par les despences excessiues ausquelles les mouuemens passez, & l'execution du Traicté de Loudun nous auoient obligez, Maintenant qu'aucuns de ceux qui par le moyen dudict Traicté auoient esté remis en nostre grace, & reçeu de nous tous les fauorables traictements qu'ils pouuoient desirer, Mettans en oubly les effects de nostre bonté, leur debuoir naturel de leurs promesses publiquement & solemnellement faictes lors dudict Traicté de Loudun, se sont esteuez en armes contre nostre authorité en diuerses Prouinces de nostre Royaume, & essayent par leurs menées d'alliener l'affection & fidelité de plusieurs de nos subjects, pour à leur exemple les porter contre tout droict à vne gene-

A ij

ralle rebellion, à la ruine de noſtre authorité Royalle, & de noſtre Eſtat. Nous ſommes forcez pour reprimer leurs entrepriſ-
ſes, & dõner le repos à noz ſubjects de mettre ſur pied de grandes armées, & à cauſe de
ce, contrainctsrechercher d'autres moyens
extraordinaires qui ſoient d'vn prompt ſe-
cours, Mais deſirant que ſoit auec le moins
d'incommodité a noſtre peuple que faire ce
pourra : Nous ſommes arreſtez a ceux deſquels la charge comme inſencible , & dont
l'eſtabliſſement nous a ſemblé neceſſaire;
C'eſt pourquoy apres auoir conſideré qu'en
noſtre Prouince de Normandie , ainſi que
aux autres de noſtre Royaume, la ſupreſſion
ordonnée par l'Edict du regallement general de noz Tailles , du mois de Mars mil ſix
cens, des Greffiers deſdictes Tailles eſtablys
en chacune parroiſſe, n'auoitapporté le fruit
qui en eſtoit eſperé, Pour ce qu'au lieu de
certaines perſonnes qui en leur particulier
ſoubz les peines de noz Ordonnãces eſtoiét
reſponſables des ratures & changeméts qui
ſe trouuoient aux Roolles des aſſiettes, Au-
jourd'huy la nomination deſdicts Greffiers
deſpendants des principaux habitans deſdictes parroiſſes , Iceux habitans prennent le
premier Clerc qu'ils rencontrent , & s'il y a

quelque faute aufdicts Roolles, s'excufent
fur fon infuffifance, & s'en preuallent à leur
proffict particulier : & au dommage en general de la parroiffe, d'ailleurs que ceft ordre
ainfi eftably nous faict reçeuoir beaucoup
de prejudice, Et ce que fouuent les habitans des parroiffes excitez par perfonnes in-
tereffez à faire lefdictes affiettes, le premier
terme du payement fe trouue expiré auant
qu'ils y ayent trauaillé, Nous auons Iugé à
propos de creer en noftredicte Prouince de
Normandie, ainfi que nous auons faict ailleurs des Commiffaires pour proceder à la
confection des Roolles de nofdictes Tailles
& de l'Impoft du fel, qui feroient eftablys
fur certain nombre de parroiffes, pour auoir
plus d'occupation à eftre en moindre nombre, que n'eftoient lefdicts Greffiers lors de
leur creation, & leur attribuer iufques à
douze deniers pour liure pour leurs droicts,
tant pour leur donner vn fallaire raifonna-
ble, dont ils ayent moyen de s'entretenir,
que pour retirer vne plus grande vtilité de
la vente defdits offices, pour fubuenir à nofdictes affaires. Sçauoir faifons, qu'apres
auoir mis ceft affaire en deliberation en noftre Confeil d'Eftat, où eftoit la Royne noftre tres-honorée Dame & Mere, aucuns

Princes de noſtre ſang, & autres Princes,
Officiers de noſtre Couronne, & pluſieurs
grands, & notables perſonnages de noſtre
Conſeil, De leur aduis, & de noſtre cer-
taine ſcience, plaine puiſſance & authorité
Royalle, Auons par noſtre preſent Edict
perpetuel & irreuocable, eſteinct & ſupri-
mé, eſteignons & ſuprimons tous les offices
de Greffiers des Tailles des parroiſſes depen-
dants des Eſlections de noſtre Prouince de
Normandie, cy deuant creez & qui ſont en-
cores exerçez par quelque perſonne que ce
ſoit, a la charge de rembourſer les proprietaires deſdicts offices exerçez, de la finance
par eux actuellement payée en noz coffres,
auant que d'eſtre dépoſſedez, & pour doreſnauant eſcripre & dreſſer les Roolles des
aſſiettes de noz Tailles, Enſemble ceux des
Impoſtz du ſel, Nous auons par noſtredict
preſent Edict, cree & erigé, eſtably & ordô-
né, creons, erigeons, eſtabliſſons & ordonnons en chef & tiltre d'office formez & hereditaires, des Cómiſſaires a faire & eſcripre
les Roolles des aſſiettes & departements dó
toutes & chacunes les leuées qui ſe feront
doreſnauant par noz lettres de Commiſſion
& aſſiettes particulieres, tant pour les deniers de noz Tailles, Taillon, cruës ordinai-

res, que extraordinaires, & dudict Impost
du sel, que pour quelque cause & occasion
que ce soit, sur tous les contribuables ausdi-
ctes Tailles & subjectz audict Impost du sel
en nostre Prouince de Normandie, le tout
selon les taxes & cottisations qui seront faictes par les Asseeurs de chacune parroisse,
choisis & nommez par les habitans d'icelle
en la forme accoustumée, Ausquelles taxes
& cottisations, iceux asseeurs procederont
sans aucune discontinuation, aux iours qui
leur seront prefix par le commissaire de leur
parroisse, lequel ne pourra estre aucunemét
responsable des taux & surtaux que feront
lesdicts asseeurs, ny comprins au reject d'i-
ceux sur lesdicts contribuables, dont les
auons exceptez & deschargez, Chacun
desquels Commissaires sera estably sur quatre, cinq où six parroisses, lesquelles contiendront ensemble depuis quatre cens jus-
ques à six cens feuz, plus où moins, selon la
distance des lieux : & sera jugé raisonnable
pour la commodité desdictes parroisses, &
facile confection desdicts roolles ; Auquel
Commissaire nous auons attribué & attri-
buons pour ses peines, fraiz, sallaires & vaccations, douze deniers pour liure de tout ce
qui sera imposé dás l'estenduë de sa charge,

au lieu de six deniers pour liure attribuez
ausdicts Greffiers par les Edicts de leur establissement, Et à ceste fin nous auons pour
ce qui regarde le droict desdicts Commissaires de l'assiette de noz Tailles, ordonné par
noz lettres de Commission du principal de
la Taille, Taillon, cruë ordinaire & extra-
ordinaire de l'année presente, que ledict
droict de douze deniers sera assis imposé &
leué conjoinctement auec noz deniers, Ce
qui sera ainsi faict & continué pour toutes
les autres leuées qui se feront à l'aduenir sur
lesdictes parroisses, pour leur estre payé par
les mains des Collecteurs, comme il est
porté par nosdictes lettres de Commission,
Et pour le regard du droict des Cõmissaires
de l'Impost du sel, Nous voulons & enten-
dons que le prix dudict impost soit augmenté desdits douze deniers pour liure, & iceux
assis & imposez conjoinctemét auec le prix
du sel, Et à ceste fin employez & comprins
dans les commissions qui s'expediront par
chacun an pour la leuée dudict impost, Et
à ce que lesdicts Commissaires puissent vas-
quer plus soigneusement & assidemment à
l'exercice de leurs charges sans diuertisse-
ment, Nous les auons exemptez & exem-
ptons de toutes charges de Tutelle, Cura-
ratelle,

ratelle, d'estre establys commissaires & gar-
diens de biens, saisie par authorité de Iustice
& de la collecte de nosdictes Tailles, Taillon, cruës, & dudict impost du sel, desquel-
les exemptions nous voullons que lesdicts
commissaires joüissent sans aucun empes-
chement ny difficulté, Ensemble des autres
priuilleges cy deuant attribuez ausdits greffiers suprimez, desquels ils ont joüy. SI
donnons en mandement à noz améz &
feaux Conseillers, les Gens tenans nostre
Court des Aydes à Roüen, que ces presentes ils facent lire, publier & registrer, & le
contenu en icelle inuiolablement entretenir, garder & obseruer, Cessans & faisans
cesser tous troubles & empeschements au
contraire, nonobstant oppositions & ap-
pellations quelconques, Enjoignons à nostre Procureur general en nostredite Court,
que lesdictes lecture, publication, & registrement faicts, il aye à enuoyer promptement nostredict Edict & Arrest d'enregistrement d'iceluy en chacune des Eslections
& Greniers à sel de nostredicte Prouince de
Normandie, à ce que les Officiers d'iceux
n'en pretendent cause d'ignorance, & qu'ils
ayent à y obeyr, Ce que leur enjoignons
de faire, à peine d'en respondre en leur

B

propre & priué nom , Car tel est nostre
plaisir , nonobstant aussi tous Edicts , Ordonnances, Reglements, Clameur de haro,
Chartre Normande, prinse à partie , lettres
& choses à ce contraires , ausquelles & aux
dérogatoires des dérogatoires y contenus,
Nous auons de nostre plaine puissance &
authorité dérogé & dérogeons , Et affin
que ce soit chose ferme & stable à tousiours
faict mettre nostre seel à cesdites presentes.
Donné à Paris au mois de Mars , l'an de grace mil six cens dixsept, Et de nostre regne
le septiesme. Signé, LOVIS. Et plus
bas, Par le Roy estāt en son Conseil, Signé
POTIER vn paraphe, Et seellé en lacz de
soye rouge & vert du grand seel de cire
verde.

*Leuz & publiez en la Court des Aydes en Nor-
mandie l'audience seant, & Registrez au Greffe
pour y auoir lieu , suiuant & aux charges portez
par l'Arrest de ladicte Court. Ce vingt-sixiesme
Octobre, mil six cens dixsept.*

Signé,   DE PLANES.

EXTRAICT DES REGISTRES
du Conseil d' Estat.

E ROY s'estant faict representer en son Conseil les moyēs ordinaires & extraordinaires, dont sa Majesté faict estat pour subuenir aux grādes & excessiues despences quelle est contrainct de suporter aux occasions presentes, pour donner vne paix generalle en son Estat, au bien & repos des subjectz, Entre-autres l'Edict faict par sa Majesté au mois de Nouembre dernier, pour la creation des offices de Commissaires à faire les Roolles des Tailles & Impost du sel des parroisses, Veu ledict Edict, les arrestz & reglements faicts audict Conseil, dés douziesme & dixneufiéme Ianuier, premier Feburier, & vingt vniesme Mars dernier, pour la vente & establissement desdicts offices, Sa Majesté en son Conseil, à

B ij

ordonné & ordonne, que la vente des offices de Commiſſaires a faire & eſcripre les
Roolles des Tailles & Impoſt du ſel des parroiſſes, creez par ſon Edict du mois de Nouembre dernier : ſera continué és lieux où
ils reſtent à eſtablir au reſſort de ſes Courts
des Aydes où ledict Edict à eſté veriſié, Et
que celuy par elle n'agueres enuoyé en ſa
Court des Aydes à Rouen, par la creation
& eſtabliſſement deſdits offices en ſon pays
& Duché de Normandie aura lieu, & que
la veriſication & regiſtrement ſera pour-
ſuyuie & demandée par ſes Aduocat & Procureur Generaux en ladicte Court, & auſquels ſa Majeſté enjoinct faire toutes les re-
quiſitions & diligences à ce neceſſaires.
Faict au Conſeil d'Eſtat du Roy, tenu à
Paris le douzieſme iour de May, mil ſix cens
dixſept.   Signé, Baudouyn, vn paraphe.

O V I S Par la grace de
Dieu, Roy de France &
de Nauarre : A noz améz
& feaux Conseillers, les
Gens tenãs nostre Court
des Aydes à Rouen,
Salut. Nous estant faict
representer en nostre Conseil les moyens
ordinaires & extraordinaires, dont nous fai-
sons estat, pour subuenir aux grandes & excessiues despences, que nous sommes contraincts de supporter aux occasions presentes, pour donner vne paix generalle a nostre
Estat, au bien & repos de noz subjectz, Entre-autres l'Edict par nous faict au mois de
Nouembre dernier : pour la creation des
offices de Commissaires à faire les Roolles
des Tailles & Impostz du sel des parroisses,
Et veu ledict Edict, les Arrestz & Reglements faicts en nostredit Conseil les douze
& dixneufiesme Ianuier, premier Feburier,

B iij

& vingt-vniéme Mars derniers, pour la vente & establissement desdits offices de Commissaires à faire & escripre les Roolles des
Tailles & Impost du sel, des parroisses creez
par nostredict Edict du mois de Nouembre
dernier : sera continué & paracheué és
lieux où ils restent à establir, au ressort de
noz Courts des Aydes où nostredict Edict
à esté veriffié, Et que celuy par nous n'a-
gueres à vous enuoyé pour la creation &
establissement desdicts offices en nostre
Pays & Duché de Normandie aura lieu.
A CES CAVSES, Vous mandons
& ordonnons, proceder incontinent &
sans delay à la veriffication & enregistrement de nostredict Edict, sans y apporter
aucune difficulté, Et enjoignons a nos
Aduocats & Procureurs Generaulx en nostredicte Court, poursuyuir & demander
ladicte veriffication & registrement, en
faire toutes les requisitions & diligences à
ce necessaires, De ce faire vous donnons
& à nosdicts Aduocats & Procureurs Generaulx, tout pouuoir, authorité, & mandement special, Car tel est nostre plaisir.
Donné à Paris le douziesme iour de May,
l'an de grace mil six cens dixsept, Et de

noſtre regne le ſeptieſme. Signé, Par le
Roy en ſon Conſeil, Baudouyn, vn paraphe. Et ſeellé ſur ſimple queuë du grand
ſeel de cire jaune.

OVIS PAR LA
GRACE DE DIEV, ROY
DE FRANCE ET DE
NAVARRE : A noz
améz & feaux Conseil-
lers, les Gens tenans no-
stre Court des Aydes en
Normandie, Salut. Par noz Lettres patentes du douziesme de May dernier : & côfor-
mémêt à l'Arrest de nostre Conseil d'Estat
dudit iour. Nous vous auons mandé & ordonné de proceder promptement à la vé-
riffication de nostre Edict du mois de Mars
dernier : Contenant creation & establissement des offices de Commissaires hereditaires , à faire & escripre les Roolles des assiettes & departements des Tailles , & de
toutes leuées de deniers qui seront faictes
en vertu de noz Lettres & commissions de
l'impost du sel , & supression des Greffiers
des parroisses, pourueuz en offices & exer-
çans aux charges, & selon qu'il est contenu
par

par noſtredict Edict, Et à ceſte fin mandé
à noſtre Procureur General d'en pourſuyuir
diligemment la veriſfication, a laquelle le
Procureur des Eſtats de noſtre Prouince de
Normandie ſe ſeroit oppoſé, par Requeſte
preſentée en noſtredicte Court le vingt-
vnieſme de Iuillet dernier, Et depuis les
Adjudicataires du fourniſſement general
des Greniers à ſel de ladicte Prouince, s'e-
ſtans auſſi oppoſez, & déduict leurs moyens
d'oppoſition en noſtredicte Court, Par arreſt d'icelle du deuxieſme iour d'Aouſt dernier, Ladicte Court à donné acte à noſtre
Procureur General, & aux Adjudicataires
de leurs declarations, pour en procedant à
la deliberation dudit Edict, leur eſtre pourueu ainſi qu'il appartiendra. Et depuis par
autre Arreſt du ſeptieſme dudict mois
d'Aouſt, Noſtredicte Court à dict ſoubz
noſtre bon plaiſir, quelle ne peut entrer
à la veriſfication de noſtredict Edict, ſans
auoir par ledict Arreſt faict mention deſdictes oppoſitions, Ce qui nous faict con-
gnoiſtre qu'apres auoir tenu noſtredict
Edict quatre mois & plus, ſans l'auoir mis
en deliberation, Vous eſtes peu touchez
des juſtes & neceſſaires conſiderations, qui
nous ont meu de faire noſtredict Edict,

C

affin de subuenir à la neceffité de noz affaires, & d'auoir moyen d'affeurer la paix en
ceft Eftat, & fatisfaire aux defpences plus
preffez, dont les mouuements derniers ont
chargé le fonds de noz finances, Surquoy
ayant mandé lefdicts Adjudicataires en noftre Confeil, apres qu'ils ont efté ample-
ment ouys fur leurfdicte oppofition, Ils
ont declaré qu'ils n'entendent pour leur regard empefcher la verification & execution de noftredict Edict, Et depuis ayant
auffi faict reprefenter en iceluy ladicte Re-
quefte du Procureur des Eftats de noftredicte Prouince, contenant les caufes &
moyens de fadicte oppofition, Enfemble
confiderer les Arreftz de noftredicte Court
dés troifiefme & feptiefme Aouft derniers,
le tout cy attaché foubz le contrefcel de noftre Chancellerie, De l'aduis de noftredict Confeil, où eftoient aucuns Princes
de noftre fang, autres Princes, Seigneurs,
Officiers de noftre Couronne, & plufieurs
notables perfonnages, & de noz plaine
puiffance & authorité Royalle, Nous voulons, vous mandons, ordonnons & tref expreffément enjoignons par ces prefentes
fignez de noftre main, que voullons feruir
de finalle Iuffion, & tout autre plus exprés

commandement que sçauriez attendre &
desirer de Nous, tant à bouche que par escript, & sans vous arrester à aucunes Re-
monstrances que nous desireriez faire pour
ce regard, lesquelles nous tenons pour faictes & entenduës, ny aux oppositions desdicts adjudicataires & Procureur des Estats
de Normandie, Vous ayez tous autres
affaires cessans & postposez, incontinent
& sans delay à proceder à la verification &
enregistrement pur & simple de nostredict
Edict du mois de Mars dernier, sans y apporter aucune modiffication ny difficulté,
Attendu l'vrgente necessité de noz affaires,
& l'importance du secours que nous atten-
dons de ceste part, Car tel est nostre plaisir, Nonobstant vosdicts Arrestz & cau-
les motiues d'iceux : que ne voullons auoir
lieu, & lesdictes oppositions ny autres qui
pourroient estre faictes, & quelconques
Edicts, Ordonnances, Reglemens, Lettres
Arrestz, & toutes choses à ce contraires,
Ausquelles mesmes aux dérogatoires des
dérogatoires d'icelle, Nous auons de nostre plaine puissance & authorité Royalle,
derogé & dérogeons par cesdictes presentes. Donné à Paris le vingt-neufiesme
iour d'Aoust, l'an de grace mil six cens dix-

C ij

sept , Et de nostre regne le huictiesme.

Signé,   L O V I S.

Et plus bas,   PAR LE ROY.

                          P O T I E R.

Et seellé sur simple queuë du grand seel de
cire jaune.

L O V I S Par la grace de Dieu, Roy de France & de Nauarre : A noz améz & feaux, les Gens tenans noſtre Court des Aydes à Rouen. Nous auons faict veoir à noſtre Conſeil voſtre Arreſt du ſaizieſme iour de Septembre dernier : cy attaché ſoubz le contreſeel de noſtre Chancellerie, interuenu ſur la deliberation faicte en icelle de noſtredict Edict de creation des Commiſſaires à faire les Roolles & departements des deniers de noz Tailles, & de l'Impoſt du ſel en noſtre Prouince de Normandie, Contenant que noſtredicte Court s'eſt trouuée de deux aduis, les vngs qui nous ſeroit fait Remonſtrances de la conſequence dudict Edict, les autres de le regiſtrer aux modiſſications qui ſeroient iugez raiſonnables, ſur la diuerſité deſquels aduis, Vous auriez arreſté que nous ſerions conſultez, Et à ceſte fin deputé noz améz & feaux Conſeillers en icelle, Maiſtre Louys Marc & Claude du Perron, Ce que nous aurions trouué eſtrange, & contre le debuoir de voz charges, attendu

C iij

que c'est chofe ordinaire & accouftumée en
toutes noz Cours Souueraines de fuyure en
cefte diuerfité & égallité d'aduis, celuy qui
eft plus conforme & approchant de noftre
intention, & par ainfi qu'auez def-ja ordonné la veriffication de noftredict Edict, Nous
auons neantmoins faict ouyr en noftredict
Confeil voz deputez, & confideré leurs
Remonftrances, qu'euffions prinfes & re-
ceuës de bonne part, n'eftoit l'extréme neceffité en laquelle les mouuements & de-
fordres paffez ont reduit noz affaires, qui
nous à contraincts de recourir à des moyens
extraordinaires, à noftre tres-grand regret,
pour le defir que nous auons d'employer
tout noftre foing & trauail à foulager noz
fubjectz, Ce que nous efperons faire à l'aduenir : & de commencer ce bon œuure dans
l'année prochaine, & de retrancher toutes
fortes de defpences fuperfluës & non ne-
ceffaires, pour maintenir noftre authorité
& la grandeur des Eftats, dont il à pleu à
Dieu nous donner l'adminiftration, & ce
par l'aduis de l'affemblée que nous faifons
conuoquer à ceft effect, ainfi qu'il à efté dict
à vofdicts deputez pour le vous faire entendre, affin que leur Rapport ouy, & le be-
foing que nous auons d'eftre fecourus de

ce qui doibt prouenir dudict Edict, Vous
ayez incontinent & fans aucune remife ny
modiffication tous autres affaires ceffans,
à proceder à la veriffication pure & fimple
d'iceluy, Attendu que le retardement dont
auez vfé à def-jà efté grandement onereux
& prejudiciable à noz affaires. A CES
CAVSES, Nous voulons, vous mandōs,
ordōnons & tres-expreffément enjoignōs
par ces prefentes fignez de noftre main, de
fatisfaire promptement à noz commandements, fans vous arrefter à voftredict Ar-
reft; que ne voulōs auoir lieu, ny aux caufes
motiues d'iceluy : & remonftrances qui
nous ont efté faictes, où autres que vous
pourriez faire cy apres fur ce fubject, Mandons à cefte fin & tres-expreffément enjoi-
gnōns à noftre Procureur General en noftredicte Court, de vfer de toute diligence
& preffer inftamment ladicte veriffication,
Car tel eft noftre plaifir, Nonobftant quelconques Edicts, Ordonnances, Lettres,
Arreftz, oppofitions, & toutes chofes au
contraire, aufquelles & aux dérogatoires
des dérogatoires y contenuz, Nous auons
de noz plaine puiffance & authorité Royal,
expreffément dérogé & dérogeons par cef-
dictes prefentes. DONNE' a Paris le qua-

triefme iour d'Octobre, l'an de grace mil
six cens dixfept. Et de noftre regne le
huictiefme.

Signé,   LOVIS.

Et plus bas,   PAR LE ROY,

DE LOMENIE.

Et feellé fur fimple queuë de cire jaune.

EXTRAICT DES REGISTRES
de la Court des Aydes en Normandie.

VEV par la Court les Lettres patentes du Roy en forme d'Edict, données à Paris au mois de Mars dernier, Par lesquelles pour les causes & consideratiós y contenuës, Sa Majesté auroit extaint & supprimé tous les Offices de Greffiers des Tailles des parroisses dependantes des Eslections de ceste Prouince cy deuant creez & encor exercez, à la charge de rembourser les proprietaires desdits Offices, de la finance par eux payée aux coffres dudit Seigneur. Et pour doresnauát escrire & dresser les Roolles des Tailles & Impost du sel, Sadicte Majesté cree, erige & establit en tiltre d'offices formez & & hereditaires des offices de Commissaires à faire & escrire les Roolles des assiettes & departements de toutes & chacunes les leuées qui se feront doresnauát par ses lettres

D

de Commiſſion & aſſiettes particulieres,
tãt pour les deniers deſdites Tailles, Taillon,
creuës ordinaires & extraordinaires, que dudict Impoſt du ſel, & pour quelque autre
cauſe & occaſion que ce ſoit, ſur tous les cõ-
tribuables auſdites Tailles & ſubjectz audict
Impoſt du ſel, le tout ſelon les cottiſations
qui ſeront faictes par les Aſſeeurs de chacunes parroiſſes auſquelles leſdicts Aſſeeurs
procederõt, ſans diſcontinuation aux iours
qui leur ſeront prefix par leſdicts Commiſſaires, qui ne ſeront aucunement reſponſables deſdictes cottiſations, ny compris au
reject d'icelles, dont ils auroient eſté exceptez & deſchargez. Chacun deſquels Commiſſaires ſera eſtably ſur quatre, cinq où ſix
parroiſſes, leſquelles contiendront enſemble depuis quatre cens iuſques à ſix cens
ſeuz plus où moings, ſelon la diſtance des
lieux: & ſera iugé raiſonnable pour la commodité deſdictes parroiſſes & facile confection deſdicts Roolles, auſquels Commiſſaires ſadite Majeſté attribuë pour leurs peines, fraiz, ſallaires & vacations, douze deniers pour liure de tout ce qui ſera impoſé
dans l'eſtenduë de leur charge, au lieu de
ſix deniers attribuez auſdicts Greffiers, lequel droict ſera leué auec leſdictes Tailles,
ainſi qu'il à ja eſté ordonné par ſadicte Ma-

jesté pour ceste année, par les Lettres de
Commission du principal de la Taille, Taillon & creuës ordinaires & extraordinaires,
pour leur en estre saict payement par les
mains des Collecteurs desdictes parroisses,
Et pour le regard de l'impost du sel, qu'il sera augmenté desdicts douze deniers pour liure accordez ausdicts Commissaires, qui seront conjoinctement assiz auec les autres
prix leuez sur ledict sel, Voullant outre ledict Seigneur que tous lesdicts Commissaires soient & demeurent deschargez de Tu-
telles, Curatelles, commissions de gardes
de biens, collection desdictes Tailles & Impost du sel, & joüissent des autres preuille-
ges attribuez ausdicts Cressiers supprimez,
Comme plus au long lesdites lettres le con-
tiennent. Arrest du Conseil d'Estat du
Roy, du douziesme May en cedict an, Par
lequel ledict Seigneur vent que ledict Edict
ennoyé en ladicte Court ayt lieu, & que la
verification en soit poursuyuie par son
Procureur General. Lettres de Commission dudict iour, expediez en consequence
dudict Arrest. Requeste presentée par ledict Procureur General du Roy aux fins de
ladicte veriffication. Autre presentée par
le Procureur Sindic des Estats de ceste Prouince, à ce qu'il pleust à la Court le reçe-

uoir opposant à ladicte veriffication. Arrest d'icelle du deuxiesme Aoust en cedict an, donné sur autre opposition formée à ladicte verification par l'adjudicataire du fournissement general des Greniers à sel de cestedicte Prouince, Par lequel auoit esté accordé acte ausdicts Procureur General & Adjudicataire de leurs soustiens & declarations y contenuës, pour en procedant à la deliberation dudict Edict, leur estre pourueu ainsi qu'il appartiendroit. Autre Arrest du septiesme dudict mois, par lequel ladicte Court declare soubz le bon plaisir du Roy ne pouuoir entrer en ladicte veriffication. Autres Lettres patentes de sa Majesté du vingt-neufiesme dudict mois, Par lesquelles estoit mandé à la Court conformément à autres Lettres du troisiesme dudict moys ayants esté esgarez ou non presentez à icelle en temps deub; Continuer sa seance ordinaire ainsi quelle à accoustumé faire aux iours hors vaccations commencez le quatorziesme dudict Aoust, sans aucunement desemparer du iour de la presentation desdites Lettres, que sadite Majesté vouloit estre enregistrées sur le champ, leuz & publiez, à ce qu'aucun n'en pretendist cause d'ignorance, Et que s'il y auoit aucuns des Presidents & Conseillers d'icelle absents,

ils euſſent à ſe rendre incontinent & ſans
delay en ladicte Court, pour y rendre le ſer-
uice deub à ſa Majeſté, Autres Lettres patentes dudict iour 29. Aouſt en forme
de Iuſſion, Par leſquelles eſtoit mandé à ladicte Court ſans attendre autres Lettres de
ſa Majeſté quelle vouloit ſeruir de finalle
Iuſſion, & tout autre plus exprés commandement que ladicte Court pourroit attendre & deſirer dudict Seigneur tant à bouche
que par eſcript, & ſans s'arreſter aux remon-
ſtrãces quelle deſireroit faire pour ce regard,
que ſadite Majeſté tenoit pour oyes & enté-
duës, ny aux oppoſitiõs deſdicts Procureurs
des Eſtats & Adjudicataires, Elle euſt tous
affaires ceſſans & ſans aucun delay à proceder à la veriffication & enregiſtrement pur
& ſimple dudict Edict, ſans y apporter aucune difficulté, attendu l'vrgente neceſſité des
affaires de ſadicte Majeſté, & l'importãt ſe-
cours quelle attédoit de ceſte part. Lettres
de cachet dudit Seigneur dudit vingt neufié-
me Aouſt & troiſiéme de Septembre enſui-
uant adreſſantes à la Court, Par leſquelles ſa
Majeſté auroit deputté l'vn de ſes Conſeillers d'Eſtat, pour faire entendre à icelle les
importãtes & neceſſaires occaſiõs de la cõ-
tinuation de ſa ſeance & veriffication dudit
Edict, à la creance duquel elle vouloit foy

D iij

estre adjouſtée. Autres Requeſtes preſen-
tées par ledict Procureur General du Roy, à
ſemblable fin que la precedente. Arreſt de
ladite Court du ſeptriéme dudit mois de Septembre, Par lequel leſdites Lettres de côti-
nation auoient eſté entherinez, & ordonné
quelles ſeroient regiſtrez au Greffe, leuz &
publiez en l'Audience, Et repris la creance
dudit Conſeiller d'Eſtat, expoſée à la Court
le neuſiéme d'iceluy mois. Autre Arreſt du
ſaiziéme dudit Septembre, Par lequel entre
autres choſes, ladicte Court auoit ordonné
que Remôſtrances ſeroiét faites au Roy ſur
la conſequêce dudit Edict, par les Conſeillers Cômiſſaires à ce par elle deputtez. Autres Lettres patentes ſignez en commande-
mêt du quatriéme de ce mois, Par leſquelles
ſa Majeſté ayãt faict oyr en ſon Conſeil leſ-
dits deputtez & côſiderer leurs Remôſtrances, quelle auroit trouuez de bône part, ceſ-
ſant la neceſſité des affaires de ſon Eſtat,
Mande à ladite Court ſatisfaire promptemêt
à ſes commandements, Sans s'arreſter audit
Arreſt ny auſdites Remonſtrances où autres
qui pourroient eſtre faites cy apres, attendu
que le retardement dont elle auoit vſé, eſt
grandement onereux & prejudiciable à ſes
affaires. Autres Lettres de cachet dudit iour
4. de cedict mois, expediez pour de rechef

oyr la creance dudit Côseiller d'Estat, Veu
aussi le cahier des Estats de cestedite Prouince de l'année derniere article 27. Et apres
auoir oy lesdits Conseillers Commissaires le
19. de ce mois, tant sur ce qui à esté par eux
representé par leursdites Remôstrances, que
cômandement à eux faicts aux fins de ladite
verifficatiô, Ensêble ledit Côseiller d'Estat,
le 24. de cedict moys, & tout consideré.
LA COVRT de l'exprés commandement
du Roy, par plusieurs fois reiteré tant à bouche que par escript, A ordonné & ordonne
que ledict Edict sera leu, publié & Registré
pour jouyr par ceux qui serôt pourueuz desdicts offices des douze deniers pour liure à
eux attribuez par ledit Edict, qui serôt imposez sur le corps principal de la Taille, Taillô,
creuës des Garnisons & leuées qui se font
pour le Gouuerneur de la Prouince, & fraiz
de la tenuë des Estats d'icelle, suiuât les Cô-
missiôs de sa Majesté, A la charge qu'aucuns
Commissaires ne serôt establys pour escrire
& dresser les Roolles du sel distribué par Impost, & que l'on ne pourra imposer lesdicts
douze deniers sur ledict sel, ny sur les deux
sols attribuez aux Collecteurs des Tailles,
trois deniers des Receueurs, port des Com-
missiôs & Mandements & autres droicts leuez pour raisô d'icelles, N'y sur ce qui pour-

ra estre leué pour les affaires particullieres
des parroisses, Et au moyen que la leuée desdicts six deniers cessera, & qu'aucuns ne
pourrôt estre pourueuz ausdits offices, que
ceux qui sont à present en exercice desdicts
Greffes supprimez, n'ayent esté remboursez
du prix de leurs offices auant que d'estre dé-
possedez, & les Rentes deuës par aucunes
parroisses pour la suppression desdits offices
acquittées, Et que les Communautez serôt
receuz à encherir & se rendre adjudicataires
desdits offices de Cõmissaires, & auront en
ce faisant la preserêce à tous autres, Au sur-
plus que fante par lesdits Commissaires de se
trouuer au lieu iour & heure dont ils auront
cõuenu auec lesdits asseeurs, lesdits asseeurs
pourrôt prendre telles personnes qu'ils ver-
ront bon estre, pour escrire & dreiser leurs
Roolles aux despens desdits Commissaires,
Et que soubz le bon plaisir du Roy ledict
Edict sera executé par les Presidents & Cõ-
seillers de ladicte Court. Prononcé en la
Court des Aydes en Normandie l'audience
seant, le vingt-septiesme iour d'Octobre,
Mil six cens dixsept.

Signé,   DE PLANES.